LE GANG DES SENIORS

Bruno DRUART

Éditions ART ET COMÉDIE
3, rue de Marivaux
75002 PARIS

À tous mes interprètes, malicieux et talentueux.
Avec toute mon affection

Une pensée amicale à Pierre MAGUELON.

LE GANG DES SENIORS

Création au théâtre de Drancy en novembre 2010
Directeur : Luc Colson

Avec

Victor	Christian Marin
Amandine	Yolande Folliot
Samantha	Perrette Souplex
Caroline	Louison Roblin
Greg	Olivier Rodier
Bernadette	Marie Boissard
Romain	Fabien Floris

Mise en scène : Thierrry Lavat
Production : Ça Se Joue à Issy-les-Moulineaux
Direction : Luq Hamett
Chargée de production : Isabelle Pradissitto

ACTE I

Un séjour cossu. Au lever du rideau, la scène est vide. Caroline apparaît. Elle tient à la main un sac de voyage.

CAROLINE - Oh! cette sciatique! Vite, deux aspirines! *(Elle dépose son bagage contre un fauteuil puis pénètre dans la cuisine. Un homme entre, torse nu, une serviette de bain sur l'épaule. Il dépose son portable sur la table puis se rend vers la bibliothèque, prend un livre et sourit en contemplant le titre. Caroline réapparaît avec un verre à la main. Elle le découvre, pousse un cri de surprise. Elle s'adresse à lui d'un ton sec.)* Qui êtes-vous? Que faites-vous là?

GREG - 'Jour! Je suis venu emprunter un livre.

CAROLINE - La bibliothèque municipale est en grève?

GREG - « La vie sexuelle de Jeanne d'Arc ». *(Il rit.)* C'est un gag? Vous en pensez quoi?

CAROLINE - Trois cents pages inutiles!… Je peux savoir pourquoi vous vous promenez en serviette de bain dans cette pièce, avec « Jeanne d'Arc » sous le bras?

GREG - C'est pour lier connaissance… *(Grand sourire.)* Quand je prends un bain, j'aime bien bouquiner en même temps.

Caroline - Un intellectuel ! Je suis impressionnée. Il est là depuis combien de temps, le coco ?

Greg - Deux jours. Une invitation d'Amandine Brochant. Vous êtes sa femme de ménage ?

Caroline - Pas vraiment. Je suis sa sœur aînée. Et vous êtes chez moi.

Greg - Oh ! la gaffe ! Excusez la méprise.

Caroline - Aucun mal, coco. Et vous même ? D'habitude un homme qui se balade à demi-vêtu dans ma maison, je connais un peu.

Greg - Grégory Martonne, dit Greg. Très heureux. *(Il tend la main, elle ne réagit pas.)* Amandine va être heureuse de vous revoir.

Caroline - Pas certaine. Je reviens plus tôt que prévu et j'ai la nette impression de déranger…

Greg - Bien. Je… Je vous laisse. Je vais me tremper. Marrant, vous ne ressemblez pas du tout à votre sœur.

Caroline - Nous sommes de père différent.

Greg - Au niveau décontraction, je parle. Elle est très chaleureuse, très cool…

Caroline - Exact. Elle sympathise avec n'importe qui, c'est un réel problème…

Greg - D'accord. Il était temps qu'elle me rencontre… *(Tout sourires.)* Charmé ! Non, après réflexion, pas vraiment.

Caroline - Impression partagée. Barbotez bien, coco ! *(Greg sort.)* Et ces douleurs qui ne passent pas ! Quelle suée ! Bon ! Il faut que je me décontracte, moi !

ROMAIN - Caro! Sa… salut! C'est une surprise! Amandine m'a… m'avait dit que tu revenais que dans dix jours.

CAROLINE - J'ai abrégé mes vacances. Il pleuvait des cordes, j'avais oublié mon parapluie, j'ai préféré rentrer. Mais la prochaine fois, je m'enverrai une demande d'autorisation!

ROMAIN - Pour… pourquoi dis-tu ça? Ça fait un bail que…

CAROLINE - Deux ans! Il s'en est passé des événements depuis. J'ai arrêté de boire puis j'ai repris. Le directeur du magasin « Nicolas » me faisait une gueule!

ROMAIN *(dans un cri)* **-** Trois ans! Trois ans qu'on ne s'est pas vu. Tu… tu m'as terriblement manqué.

CAROLINE *(sans conviction)* **-** Et toi donc!

ROMAIN - C'est gen…

CAROLINE - Ces gens? *(Regardant autour d'elle.)* Où vois-tu des gens?

ROMAIN - Non, je veux dire c'est gentil de la part d'Amandine de m'avoir invité pour Pâques!

CAROLINE - Elle a toujours des idées lumineuses… *(Elle rit.)* Quand Amandine a connu ton père, tu avais huit ans. Leur liaison a duré deux ans. On n'a plus eu de nouvelles de l'auteur de tes jours, Dieu merci! Mais toi, on t'a adopté. Tu es devenu notre neveu de cœur. Tu as bien fait de te manifester.

ROMAIN - Merci… euh… Tata! Tu… tu sais que tu as une mine!

CAROLINE - Une mine d'or? Où ça?

ROMAIN - Non ! Une mine… Oh là là !

CAROLINE - En clair, ça veut dire quoi ?

ROMAIN - T'as un peu forci. Mais bien ! Bien ! Parce que, avant… Mais maintenant, oui.

CAROLINE *(amusée)* - Comment a-t-on pu se priver de ta présence et de tes mots si réconfortants…

ROMAIN - Moi même, j'ai… j'ai pas compris. Mais on va rattraper le temps perdu ! Je crois que je vais…

CAROLINE - … partir !

ROMAIN - … rester un bon moment chez toi.

CAROLINE - Ravie ! Positivement ravie ! *(Elle l'embrasse tendrement.)* Dis-moi, les travaux de peinture du premier étage, qu'est-ce que ça donne ? Tu as parlé avec cet artisan ?

ROMAIN *(ébloui)* - Il est ! Il est ! Il est géant !

CAROLINE - On se calme, mon neveu.

ROMAIN - Je te raconte pas !

CAROLINE - Surtout si ça doit prendre trois heures ! Alors cet artiste au travail, il se montre performant ?

ROMAIN - Amandine le briefe à mort. Il a déjà tout retiré !

CAROLINE *(ahurie)* - Comment ?

ROMAIN - Le papier mural à gerber de ta chambre, poubelle !

CAROLINE - C'est tout ? Mais il a rien foutu ! Tu sais où se trouve ma sœur ?

ROMAIN - Avec lui.

CAROLINE - Un samedi ? Ah ! d'accord ! Il veut rattraper le temps perdu. Amandine a dû lui faire la leçon, le bousculer.

ROMAIN - Ça pour le bousculer, carrément ! Même qu'il a aussi tout retiré avec elle !

CAROLINE *(ahurie)* - Attends, attends. Tu insinues qu'elle et le peintre… ?

ROMAIN - Ils se sont rapprochés, oui. Amandine a aucun préjugé. Comme moi !

CAROLINE *(furieuse)* - Ce type couche avec ma sœur sous mon toit ?! Romain, dis-moi que c'est une blague ! Tu me fais courir ?

ROMAIN - Sous ton toit ! Dehors, il fait trop froid. J'aurais préféré qu'il couche avec moi mais on… on a pas procédé par tirage au sort !

CAROLINE - Il ne s'appelle pas Greg, par hasard ?

ROMAIN - La super médium que tu fais ! Un vrai don !

CAROLINE - Je viens de croiser le spécimen à demi-nu, traversant mon salon.

ROMAIN *(ébahi)* - C'est… c'est pas vrai ? Et j'ai raté ça !

CAROLINE - Remets-toi. C'est pas George Clooney !

ROMAIN - En tout cas, moi, un type comme lui, je… je ne le ferais pas dormir dans la baignoire !

CAROLINE - Surtout que chez toi, la baignoire, ils ne l'ont pas encore installée !

Greg réapparaît. Il a revêtu un peignoir « léopard ».

ROMAIN - Waouh ! La belle bête !

GREG - J'attends un coup de fil important mais j'ai dû déposer quelque part mon portable…

ROMAIN - Là, sur la table !

GREG - Ah ! sympa ! Merci !

ROMAIN - J'ai droit à une récompense ?

GREG - Bien sûr que non ! Bon ! Il faut que j'aille me laver… *(Collant son mobile à l'oreille.)* Allô !

CAROLINE - Hep ! *(Greg se retourne, éloigne son portable de l'oreille.)* Ça va, vous n'êtes pas trop gêné ? Ce peignoir ne vous appartient pas.

GREG - On me l'a prêté. Mais si ça pose un problème… *(Il l'enlève, le balance sur une chaise)* Voilà. Satisfaite ? *(Caroline hausse les épaules.)* Vous ne dites plus rien ?

CAROLINE - Je ne discute pas avec un homme à demi-nu !

GREG - Vous préférez que je sois totalement à poil ? *(Il fait mine de baisser son pantalon. Romain pousse un cri. Il reprend son portable.)* Comment allez-vous monsieur le curé ?…

> *Greg sort.*

CAROLINE - Quel sagouin ! Mais parlons de toi, mon Romain. Tu travailles en ce moment ?

ROMAIN - Oui ! Non ! Enfin oui. Enfin, pas vraiment.

CAROLINE - Dès que tu es fixé, on en parle davantage.

ROMAIN *(enthousiaste)* - Je pense enfin avoir trouvé ma voie…

CAROLINE - À trente-deux ans… Tu as pris le temps de la réflexion.

ROMAIN - Je veux devenir mime !

CAROLINE - Formidable ! C'est un excellent mode d'expression pour quelqu'un qui a le plus grand mal à aligner deux… euh… bravo mon bonhomme !

ROMAIN - Je suis des cours. C'est… C'est… Vraiment !

CAROLINE - Tes voisins d'immeuble doivent maintenant te bénir. La cornemuse à une époque, ils n'avaient pas vraiment adhéré.

ROMAIN - J'étais pas très doué. Tu sais, j'ai touché le fond il y a quelques semaines. J'ai… j'ai voulu en finir. J'ai pris des médicaments. Pas assez.

CAROLINE - Quoi ?! Tu as voulu te supprimer ?

ROMAIN - Marre de moi, marre de tout, tu comprends ?

CAROLINE - Mais on peut ne plus supporter son vide existentiel sans mettre un terme à ses jours !

ROMAIN - Et puis j'ai rencontré Gabriel Lange.

CAROLINE *(rieuse)* - L'ange Gabriel ? Il est sympa ? Tu prends beaucoup de comprimés en ce moment ?

ROMAIN - Non, Gabriel Lange c'est mon prof à l'école de mimes. Il est génial. Il m'a dopé à nouveau !

CAROLINE *(l'embrassant tendrement)* - Tant mieux. T'es vraiment un curieux phénomène.

ROMAIN - Caro, il faut que je t'avoue aussi, comme j'étais très perturbé à cette époque, j'ai fait une grosse connerie.

CAROLINE - De quel genre ?

ROMAIN - Pas facile à avouer.

CAROLINE - Tu as couché avec une femme ? Où est le mal ? Tu es pardonné. Des millions d'hommes couchent avec des femmes sur terre, tu sais ?

ROMAIN - Non. C'est pire. J'ai commis un casse !

CAROLINE - Quoi ?! Tu me charries ?

ROMAIN - J'te jure ! J'ai braqué une boulangerie !

CAROLINE *(passionnée)* - Raconte ! Raconte ! Il n'y a pas eu de victime, j'espère ?

ROMAIN - Aucune. J'étais seul, cagoulé.

CAROLINE - Avec la cagoule que je t'ai offerte il y a quelques années pour Noël ?

ROMAIN - Tu vois que je m'en sers !

CAROLINE - Le butin ? Combien ?

ROMAIN - Cinq chaussons aux pommes, quatre millefeuilles, une tarte aux quetsches. Le tiroir-caisse était vide.

CAROLINE - Pas de pot ! Pour une fois que tu faisais preuve d'initiative !

ROMAIN - C'était il y a douze mois, quelques jours avant… avant que je décide de mourir.

CAROLINE - On en parle plus. Tu es vivant, souriant, il faut simplement, mon grand, que tu deviennes plus mature.

> *Greg apparaît et traverse la pièce dans l'autre sens, à nouveau torse nu avec une simple serviette de bain sur l'épaule.*

GREG - Ce bain moussant m'a fait un bien immense ! Je vais m'habiller. Et au boulot ! À propos, vous aviez raison. Le bouquin de Jeanne d'Arc m'est tombé des mains. Mortel ! Dame Caroline, votre caractère n'est pas évident mais vous êtes de bon conseil…

CAROLINE - Comptez sur moi pour vous faire profiter au maximum des deux…

Greg sort.

ROMAIN *(ébloui)* - Rien à jeter ! Sauf la serviette !

CAROLINE - Aucune pudeur, ce type ! Il m'agace, il m'agace ! Je vais te le faire turbiner ! Il va pas être déçu de dame Caroline !

ROMAIN - Si ça peut te soulager, je… je peux m'occuper de lui.

CAROLINE - T'emballe pas mon loulou, apparemment il n'est pas pour toi.

ROMAIN - Je sais. Mais on peut regarder le menu sans être obligé de consommer !

CAROLINE - Tu parles à une convaincue.

ROMAIN - Bon ! Faut que je file. J'ai… j'ai rendez-vous à l'A…

CAROLINE - À l'A.N.P.E. ? Bravo ! Il faut se montrer battant dans la vie.

ROMAIN - Non, à L'Haÿ-les-Roses, chez un copain équarrisseur. Je l'aide pour me faire un peu de tune.

CAROLINE *(dégoûtée)* - Chez un équarrisseur ! Tu dois passer un bon moment…

ROMAIN - Bisous ma Tata chérie !

CAROLINE - Oh ! mon petit chou, une question : tu… tu n'es plus tenté par un nouveau hold-up, j'espère ?

ROMAIN - Quoi ? Tu veux que je te rapporte un bœuf en morceaux, ni vu, ni connu ? *(Il rit.)* Non, t'inquiète Caro, je suis plus du tout tenté. Bye-bye !

Romain sort.

CAROLINE - C'est bien dommage… Je me demande si équarrisseur prend deux « r ». *(Elle saisit un dictionnaire dans la bibliothèque, le feuillette.)* Voyons… équation, érection… équarrisseur, deux « r » !

Caroline range le dictionnaire. Greg (habillé) entre, précédant Romain.

GREG - Où tu te tires comme ça, mon pote ?

ROMAIN - Je vais dépecer un bœuf ! Si… si ça t'amuse, tu peux m'accompagner.

GREG - Je crois pas que ça m'amuserait.

ROMAIN - Alors, à plus !

Romain sort.

GREG - Il est grave ce mec !

CAROLINE - Vous trouvez ? Romain a un parcours chaotique, des rêves chimériques, mais il est profondément attachant.

GREG - Il est gay, non ?

CAROLINE - Très observateur ! Gare à vos miches ! *(Elle rit.)* Tout le monde n'est pas conçu sur le même moule. Vous, par exemple… Peut-être cachez-vous une grande sensibilité ?

GREG - Faut fouiller ! Mais j'ai pas remarqué en vous une spéléologue de l'âme humaine…

CAROLINE - Pour moi, les gens c'est comme pour les poubelles : faut procéder à un tri sélectif !

GREG - Comme c'est profond et délicat !

CAROLINE - Je ne veux pas vous retarder. Au turbin, mon coco ! Et tâchez de ne pas saloper votre travail !

GREG - Vous bilez pas. Vous n'êtes pas quelqu'un qu'on a envie de contrarier…

Greg, tout sourires, sort. Amandine apparaît.

AMANDINE - Ma Caro chérie ! Tu as raccourci ton séjour, il s'est passé un problème ?

CAROLINE - Un temps déplorable. J'aurais dû me méfier, Berck-Plage n'est pas réputée pour son climat tropical.

AMANDINE - Où vas-tu dormir ? Ta chambre est sens dessus-dessous.

CAROLINE - Il y a trois chambres d'amis, je vais en récupérer une.

AMANDINE - À propos, Romain est là. Hier, je l'ai eu au téléphone, j'ai senti que nous lui manquions, je me suis permis cette initiative en ton nom.

CAROLINE - Greg, Romain, qui d'autre encore ? Je vais bientôt afficher un écriteau : « pension de famille ».

AMANDINE - Je vois que l'air de la mer t'a dopée un maximum !

CAROLINE - C'est plutôt l'air de ma sœur dénuée de tout complexe qui m'irrite ! Je sais tout ! Alors comme ça, tu te tapes le peintre ?

AMANDINE - Avoue qu'il mérite qu'on s'y attarde ! Ma chérie, je vis en recluse depuis des mois, j'en peux plus ! Un homme plein de charme débarque il y a deux jours pour rafraîchir ta maison. Moi, j'étais en train de boire du champagne…

CAROLINE - Et en plus, tu vides ma cave !

AMANDINE - Évidemment, je lui propose une coupe. On bavarde. Une seconde coupe est descendue. On rit aux éclats. On se regarde de plus en plus dans les yeux… Tu devines la suite. Tes travaux ont pris beaucoup de retard.

CAROLINE - Mais ce… Il n'était pas obligé de rester dormir.

AMANDINE - Exact. Mais un bon coup, tu ne le laisses pas s'enfuir si vite. Surtout si c'est pour aller se gâcher ailleurs dans les bras d'une créature totalement insignifiante !

CAROLINE - Qu'en sais-tu ?

AMANDINE - Enfin ! Avec moi il est à un niveau supérieur qui élimine toute concurrence. Des yeux envoûtants, une poitrine de rêve, de la dérision, de l'érudition, je suis une superbe… une superbe opportunité pour lui.

CAROLINE - J'ai cru que tu allais dire « je suis une superbe occasion ». Tu veux que je te rappelle ton âge ?

AMANDINE - Tu veux que je te balance le tien ?

CAROLINE - Oui mais moi, je m'en tape ! J'ai… et j'assume !

AMANDINE - Eh bien moi, j'en ai marre, marre et marre ! Ras le bol d'être une nature en jachère ! J'ai besoin que l'on me désire, que l'on me caresse, que l'on me fasse l'amour ! Des mois de privations inutiles, à m'oublier totalement, à gérer les problèmes de tous, à faire du social sans aucun retour, je dis stop ! Tu veux que je te dise : j'étais devenue transparente et je m'emmerdais ! Alors cet apollon avec son sourire éclatant, ses bras musclés, ouh là là ! C'est trop beau ! Une nouvelle vie s'offre à moi, tu comprends ? Tu l'as regardé attentivement ? Il dégage un magnétisme !

CAROLINE - Ma sœur est devenue complètement folle ! Ton objet magnétique ne compte pas séjourner les nuits prochaines ici, j'espère ?

AMANDINE - Écoute, on approche de Noël, j'ai envie d'être gâtée.

CAROLINE - Tu veux être gâtée ? Pas de problème ! Je t'achèterai les boîtes de chocolats que tu préfères… *(Tête d'Amandine. Elle rit.)* Allez, on en reparle plus tard, ma grande.

AMANDINE - Tout de suite, je préfère !

CAROLINE - Non ! Mes deux aspirines d'abord !

Caroline sort précipitamment. Samantha apparaît.

SAMANTHA - Coucou, c'est moi ! Bonjour la compagnie !

AMANDINE - Samantha ! Mais… mais on est pas mercredi aujourd'hui.

SAMANTHA - On est samedi, je sais bien. Tu me prends pour une gâteuse ? Faut que je te parle ! Ça urge !

AMANDINE - Toi, tu as une facture importante à régler ! Y'avait longtemps !

SAMANTHA - Tu te plantes ! Nous avons une grosse une tuile avec Victor, notre frère. Mais si tu veux me faire un chèque, t'hésites pas ! J'ai ouvert une souscription pour un ravalement de façade !

AMANDINE - Tu veux te faire lifter ?

SAMANTHA - Pas moi, ma baraque ! Je veux la repeindre en orange comme les belles propriétés italiennes.

AMANDINE - Qu'est-ce qui se passe avec Victor ?

SAMANTHA - Il a de nouveau pété les plombs ! À la maison de retraite, il a insulté une pensionnaire qui lui avait volé son pain au chocolat ! Un vrai drame ! La directrice n'en peut plus de ses excès, elle nous le rend.

AMANDINE - Où est-il actuellement ?

Samantha - Il poireaute dans mon side-car avec son sac de voyage.

Amandine - Tu n'espères pas que Caroline va le prendre à domicile ? Dès qu'ils sont tous les deux réunis, c'est l'affrontement !

Samantha - Elle est la seule à posséder une maison très confortable. Elle peut l'accueillir le temps qu'on lui trouve un autre établissement.

Amandine - Mais elle refait les peintures de toutes les chambres ! C'est pour ça que je suis là. En vérité, elle vient de rentrer, elle a abrégé ses vacances. Mais au fait, Victor ne peut pas s'installer ici, avec ses allergies.

Samantha - La peinture, ça va. Il ne supporte pas la plume, c'est tout. Faut simplement éloigner de lui la femme de ménage et les meneuses de revue !

Amandine - Avec Romain qui vient de débarquer, on affiche complet !

Samantha - Romain est là ? Quel boulet, ce garçon !

Amandine - Oui, bon, on doit faire avec. *(Soufflant.)* Je sens une journée d'enfer !

Caroline réapparaît.

Caroline - Samantha ! Ça fait plaisir de te voir. *(Elle l'embrasse.)* Tu es rayonnante !

Samantha - Nous sommes au moins deux à le savoir !

Caroline - Tu restes déjeuner avec nous ?

Samantha - C'est toi qui cuisines ? Alors, non ! Je suis avec Victor. Il va très mal. Il vient d'être renvoyé de son établissement.

CAROLINE - Encore !

SAMANTHA - Encore, oui ! Le troisième ! Mais il y a pire : il est à sec !

AMANDINE *(rieuse)* - Il est déshydraté ? On va lui sortir un bon millésimé pour le remercier de nous pourrir régulièrement la vie ! Il ne s'arrange pas, le vieux loup de mer.

CAROLINE - Trois sœurs exemplaires, un frère qui est une vraie calamité… Moi, je vous le dis : le sexe fort devrait être banni dans certaines familles !

SAMANTHA - Je me suis mal fait comprendre : Victor ne réclame pas à boire. Je parlais de ses comptes bancaires. Il a plus un rond ! Sur le sable, l'ancêtre !

AMANDINE - Comment ça ? Il avait mis pas mal d'argent de côté.

CAROLINE - Cent trente mille euros placés.

SAMANTHA - Mal placés ! Il a tout perdu il y a trois ans dans des placements boursiers à risque. Il vient seulement de tout m'avouer.

AMANDINE - Mais c'est une véritable catastrophe !

SAMANTHA - Ton frère ne s'en remet pas. Il déprime, il se montre colérique, capricieux, insupportable !

AMANDINE - Qu'est-ce qu'on va faire de lui ?

SAMANTHA - Le supprimer ! À nos âges, on a le droit à une vie paisible, non ?

CAROLINE - T'es sérieuse ?

SAMANTHA - Un parent qui se montre trop encombrant, on s'en débarrasse ! C'est logique !

CAROLINE - Quelle horreur ! Mais quelle horreur !

AMANDINE - Au tirage au sort, tu es assurée d'être désignée pour lui faire la piqûre ! *(Tête de Caroline.)* Remets-toi ! On plaisante ! Si on doit faire partir quelqu'un en premier, c'est toi !

CAROLINE - Merci !

SAMANTHA - T'es la plus riche de la famille et la plus emmerdante !

CAROLINE - Arrêtez ! Je déteste ce genre d'humour. Qu'est-ce qui s'est passé pour Victor ?

SAMANTHA - À la résidence des Pins, il avait déjà provoqué plusieurs scandales. Il y a trois semaines, il avait organisé une fiesta nocturne dans sa chambre, avec trois mignonnes.

AMANDINE - Je suis au courant ! Ils ont bu, chanté, dansé… Un vrai ramdam ! La directrice a débarqué à deux heures du matin, hystérique !

CAROLINE - Ça s'est terminé comment cette rigolade ?

SAMANTHA - Mal. Victor n'a eu le temps d'abuser d'aucune de ses trois invitées !

AMANDINE *(éclatée)* - Que tu es bête !

SAMANTHA - Victor a écopé d'un avertissement.

CAROLINE - Non mais je voudrais savoir comment notre Victor chéri a réussi à se faire dépouiller de son argent aussi facilement ?

SAMANTHA - Il avait toute confiance dans un trader qui lui a fait miroiter des gains mirobolants. Pour finir par le saigner à blanc !

AMANDINE - Une crapule !

SAMANTHA - Moi j'aurai pas ce genre de souci. J'ai ouvert un compte épargne il y a dix ans mais j'ai jamais rien mis dessus !

AMANDINE - Pourquoi as-tu ouvert ce compte alors ?

SAMANTHA - J'empêche pas les autres de l'alimenter !

AMANDINE - Le problème pour Victor, cet escroc est inattaquable. Il est défendu par une immunité bancaire.

CAROLINE - Pas si sûr. Je n'en suis pas totalement convaincue. Faudrait examiner la situation de plus près.

AMANDINE - Trois ans ! C'est trop tard pour réagir.

CAROLINE - Il n'y a pas de date de prescription pour réparer une injustice !

AMANDINE - Mais s'attaquer à l'administration c'est de l'utopie. Un combat perdu d'avance. D'abord, comment voudrais-tu procéder ? Victor a signé des papiers.

CAROLINE - Il a signé sans savoir ce qu'il signait. On lui a menti sur la fiabilité de ses placements. Il s'est fait gruger. C'est l'honneur de la famille qui a été floué !

AMANDINE - Quel lyrisme !

SAMANTHA - Vous savez qui s'occupe de ses comptes à la B.P.C.O. ?

AMANDINE - Pas du tout.

SAMANTHA - Un certain Antoine Marinot qui a épousé un pou ! Mais un pou ! Un pou très friqué ! Il la trompe deux fois par semaine avec Bernadette, ma femme de ménage !

AMANDINE - Amusant comme coïncidence.

SAMANTHA - Même qu'une fois, il l'a rejointe chez moi, en mon absence. Sauf que je n'étais pas absente !

AMANDINE - Elle est gonflée, la Bernadette !

Samantha - Je m'étais enfermée discrètement dans la salle de bains pour m'épiler les jambes. Je vous avoue que j'ai passé un moment exaltant !

Caroline - C'est exaltant de s'épiler les jambes ? Je savais pas, tu vois.

Samantha - Arrête de m'interrompre ! J'avais mon appareil à proximité, j'ai mitraillé par le trou de la serrure.

Amandine - Quoi ? C'est pas vrai ! T'as fait ça, toi ?

Samantha - Chez moi, je fais ce que je veux. J'ai pas raté mes clichés… La photo, c'est mon hobby. C'est de l'art !

Amandine - Et tu as pris aussi des photos de tes jambes épilées ?

Samantha - Pauvre fille !… Je dois également vous dire que le séduisant Antoine Marinot c'est pas un fauché. L'année dernière, malgré la conjoncture, il a encaissé des primes colossales.

Caroline - Je trouve très intéressant ce que tu viens de nous révéler sur ce trader. Tes tuyaux sont de première ! Les miss, écoutez-moi bien. On passe à l'attaque ! Ce fric, je ne sais pas encore par quel moyen mais on va le reprendre à ce jeune vautour en affaires. Parole !

Samantha - Bravo ! On doit faire tout ce qui est en notre pouvoir pour que Victor retrouve ses économies.

Amandine - Avoue ! Avoue Caro que malgré vos petites querelles, tu l'adores ton frère.

Caroline - Évidemment ! Ça n'empêche pas que je le considère comme un fléau social !

Samantha - Bon ! On passe à l'action. En premier, je me débrouille pour avoir l'adresse, le téléphone de l'amant de ma bonne.

AMANDINE - Pourquoi ? Tu veux le rencontrer ?

SAMANTHA - Hors de question. Mais… mais Bernadette m'a dit un jour qu'il gardait souvent une grosse somme d'argent chez lui. Comme les paysans, autrefois. *(À Caroline.)* Tu vois où je veux en venir…

CAROLINE - Le gang des sisters ! C'était le bon temps. Huit cambriolages, jamais inquiétées, ni suspectées !

SAMANTHA - La classe ! Le brio !

AMANDINE - Caroline ! Samantha ! Vous ne comptez pas remettre ça ? Vous avez pas l'intention à nouveau de… ?

SAMANTHA - Il faut regarder la réalité en face : nous avons passé l'âge pour ce genre d'exercice périlleux. Nous ne sommes pas des perdreaux de l'année !

CAROLINE - C'est vrai que ça fait vingt ans qu'on est plus opérationnelles.

SAMANTHA - On est rouillées !

CAROLINE - Mais j'ai peut-être une idée intéressante à vous soumettre qui peut nous faciliter la tâche…

AMANDINE - Laquelle ?

CAROLINE - Patience ! Je vous en parlerai plus tard. Il faut qu'elle germe dans mon esprit…

Victor apparaît.

VICTOR - Elles sont cool les frangines ! On m'oublie dehors alors qu'il fait zéro degré. Faut le dire si vous vouliez retrouver un papy congelé à expédier à la morgue !

AMANDINE *(l'embrassant affectueusement)* - Pardon mon Victor ! Nous ne pouvons pas nous inquiéter pour toi, tu nous enterreras toutes ! Tu seras un superbe centenaire !

VICTOR - J'espère bien ! Quand on a comme moi échappé à trois naufrages et failli mourir de faim sur les îles Sandwich, on se doit d'être toujours en forme !

CAROLINE - C'est son caractère de cochon qui le maintient, je vous le dis !

VICTOR - À propos, j'ai aperçu ta voisine Pénélope dans la rue. La garce, elle est toujours aussi pulpeuse !

CAROLINE - Normal. Elle a pris un abonnement au botox !

VICTOR - Trente ans plus tôt, j'aurais fait d'elle la figure de proue de mon navire.

CAROLINE - Tu as raison. Elle aurait été digne d'un bateau qui pêchait la morue…

VICTOR - Eh bien ! Apparemment, c'est pas votre copine ! Bon ! Fait soif ! Si on s'en jetait un ?

CAROLINE - J'ai du jus de fruits et de l'eau minérale au frais.

VICTOR - Un marin ne boit jamais d'eau, il boit la tasse ! T'as pas un petit blanc tonique à proposer ?

CAROLINE - Je crois pouvoir satisfaire à ton vice.

Caroline sort.

VICTOR - La Caro, elle me rappelle ma veuve qui ne supportait pas que je lève le coude. Elle versait discrètement de l'eau dans mon vin. Je débutais au rouge, je finissais au rosé !

AMANDINE - Déjà quinze ans que Mathilde nous a quittés.

VICTOR - Oui. Bouffée par un crocodile ! Nous traversions le fleuve du Congo, elle se penche trop à la rambarde, plouf ! elle tombe dans l'eau. Les caïmans du coin ont été nourris pour la semaine.

AMANDINE - Vraiment une mort horrible !

VICTOR - Et cette gourde, elle avait tous ses bijoux sur elle !

SAMANTHA - On sent que tu lui étais profondément attaché.

AMANDINE - Je me rappelle qu'elle possédait une rivière de diamants.

SAMANTHA - Une rivière qui plonge dans un fleuve, c'est un retour aux sources !

Caroline réapparaît avec des boissons. Amandine assure le service.

CAROLINE - Dis donc, c'est bientôt ton anniversaire ?

VICTOR - On oublie ! J'ai plus de chez-moi. De toute façon, y'aurait plus foule pour fêter l'événement.

CAROLINE - Tous tes copains qui naviguaient avec toi ?

VICTOR - Ils naviguent plus ! Ils ont tous accosté au cimetière !

AMANDINE - Mais qu'est-ce que tu racontes ? Tu corresponds toujours avec ton ami Marcel. Celui qui avait créé un club de football.

SAMANTHA - Oui ! L'olympique de Marcel !

VICTOR - Plus aucune nouvelle de lui. *(Il désigne son verre.)* C'est quoi ce breuvage infâme ?

CAROLINE - Du jus de pamplemousse.

VICTOR - Même à la résidence des Pins, je n'ai pas été humilié de cette façon !

SAMANTHA - Puisque tu en parles… Une question nous interpelle toutes les trois : quand vas-tu t'assagir ? Tous les hommes de ta génération sont calmes, attendrissants, aimables.

VICTOR - Tu parles ! Ils marchent à la camomille et à vingt-deux heures, tous au dodo ! Moi, je carbure différemment. À cette heure-là, je suis sur le pont.

CAROLINE - Tu nous pompes l'air avec tes délires de marin. Aujourd'hui, tu es définitivement à quai et tu ne sais pas où dormir…

AMANDINE - Il faut que tu deviennes raisonnable, tu comprends ?

VICTOR - Jamais ! Plutôt crever !

AMANDINE - Il est infernal.

VICTOR - Dis Caro, tu pourrais pas m'arranger un rancart avec ta voisine Pénélope ?

CAROLINE - Elle mérite mieux, non ?

VICTOR - Elle est Bretonne. J'aime bien les Bretonnes.

CAROLINE - Oublie-la.

VICTOR - À ce propos, faudra penser à prendre mon médicament chez le pharmacien.

AMANDINE - Tu es malade ? Quel médicament ?

VICTOR - Mon Viagra ! Je sens que je peux avoir une touche avec Bécassine !

SAMANTHA - Je vous jure que s'il se perd un jour dans la rue et qu'il soit inscrit au bureau des objets trouvés, même après un an et un jour, il n'y aura aucun repreneur !

VICTOR - En tout cas mes poulettes, ça me fait grand plaisir de vous retrouver…

AMANDINE - Il est « mimi » tout de même !

VICTOR - … malgré vos sales caractères !

SAMANTHA - On ne peut même pas le taper, il pourrait porter plainte !

VICTOR - Mesdames, je vous invite dans un grand resto ! Que diriez-vous d'un succulent plateau de fruits de mer ?

AMANDINE - Alors là, très, très partante !

CAROLINE - Ta pension a été augmentée ? J'ai cru comprendre que tu ne roulais plus sur l'or…

VICTOR - Tout se sait ! Oui, oui, c'est la déroute financière ! Mais au point où j'en suis…

CAROLINE - Si cela ne te vexe pas, c'est moi qui régale. J'arrose ma maison qui fait peau neuve !

VICTOR - La maison, oui. Mais je ne suis pas vexé. Je trouve même que c'est mieux.

Greg apparaît.

GREG - Pardon de vous déranger. *(À Caroline.)* J'ai un essai de couleur, je peux vous demander votre avis ?

VICTOR - Qui est-ce ?

SAMANTHA - Présente-nous, Caro.

CAROLINE - Un ami très dévoué d'Amandine. Un peintre talentueux.

SAMANTHA - Ah oui ? Abstrait ? Figuratif ? Vous prônez peut-être le cubisme ?

GREG - Murs, plafonds, sols, à votre convenance.

AMANDINE - Greg rafraîchit les chambres… *(À Greg.)* Ma sœur Samantha, mon frère Victor qui fut capitaine de marine.

SAMANTHA - Un grand pêcheur devant l'éternel !

GREG - Sympa ! Moi, j'ai une cousine qui tient une poissonnerie à Fécamp.

VICTOR - Que voulez-vous que ça me foute ?

GREG - Il est plutôt mal embouché, le papy.

AMANDINE - Des semaines et des semaines à ruminer en mer l'ont rendu particulièrement rugueux.

SAMANTHA - Un vrai primate ! À fréquenter avec modération.

CAROLINE - Un équipage l'avait surnommé « gueule de raie » !

VICTOR - Bon ! On pourrait peut-être faire le plein avant de prendre le large !

SAMANTHA - Non, non, tu fais une pause sur l'alcool. Ce matin, Victor a voulu quitter en fanfare la maison de retraite. Je vous raconte pas !

VICTOR - J'ai voulu arroser joyeusement mon départ.

SAMANTHA - Alcool de cerise, de poire, de pomme. Il a ratissé tout un verger !

VICTOR - On fait les choses bien ou pas. Fallait que je noie mon bourdon. Je laisse Zoé, une amie très chouette. Je suis profondément triste de l'avoir quittée.

AMANDINE - Zoé ? Une petite brune, c'est ça ?

VICTOR - C'était ma sirène ! Mon port d'attache. On arrêtait pas de se marrer ensemble. Maintenant, je vais me retrouver seul à pioncer dans un hamac sans personne pour me bercer.

AMANDINE - C'est vrai que cette Zoé était franchement enjouée et désopilante.

VICTOR - Elle irradiait ! Une vraie déesse ! C'était pas une nana fardée, manucurée, plus futile qu'un volatile !

SAMANTHA - Elle ne pouvait qu'être admirable avec un exemple comme toi à ses côtés…

VICTOR - Nous sommes d'accord.

CAROLINE - De toute façon, tu restes en contact avec elle, je suppose.

GREG *(à Caroline)* - Sans vous commander…

CAROLINE - Oui, on y va. *(Aux autres.)* On part juste après.

GREG - Une seconde ! *(Il se rend auprès d'Amandine et l'embrasse fougueusement.)* Oh ! ça fait du bien ! Je pouvais plus me retenir.

AMANDINE - T'inquiète ! Je ne vais pas porter plainte !

VICTOR *(à Caroline)* - Je savais pas que tu avais transformé ta maison en lupanar ?

CAROLINE *(furieuse)* - Malin ! Vous venez, vous !

Caroline sort, précédant Greg.

VICTOR *(soupirant)* - La vie est marrante. Allez, adieu les filles ! Je sens le caveau à plein nez ! C'est bientôt la fin pour moi.

Victor s'allonge sur le canapé, joint les mains de façon pieuse.

SAMANTHA - Regardez-le ! Quel cinoche ! Bon ! Tu es momentanément séparé de Zoé, t'as plus un sou mais nous sommes là. On va pas te laisser dans la panade.

VICTOR - Je veux mourir ! *(Se relevant.)* Pendez-moi en haut d'un mat, la tête en bas.

SAMANTHA - Le châtiment d'un corsaire ! Arrête le délire ! Tu pêchais tranquillement le saumon.

AMANDINE - Trouvons plutôt du Scotch…

VICTOR - Ah ! tout de même ! On me donne un remontant !

AMANDINE *(rieuse)* - Du Scotch à coller sur ta bouche pour t'empêcher de dire n'importe quoi ! *(Elle lui pince la joue. Il pousse un petit cri.)* On t'aime, toi, tu sais !

Romain réapparaît.

ROMAIN - Oh là là ! La galère ! Je suis allé jusqu'au métro, y'a une… une grève surprise. On peut plus aller nulle part.

VICTOR - Cinq semaines de vacances, plus les RTT et les arrêts maladie mais ça les empêche pas de nous casser les burnes ! Je te les enverrais tous turbiner à Singapour ou à Addis-Abeba !

SAMANTHA - Écoutez-le le comique anarchiste ! Il a été récusé pour l'Algérie à cause de ses pieds plats et en 68, il s'est retrouvé à Katmandou à nourrir les vaches sacrées ! Tu nous fais bien rire.

VICTOR - Tu peux parler, Samantha, avec tes plans foireux ! Rappelle-toi tes vacances à Tolède. Sur place elle veut assister à un spectacle de flamenco, se plante de lieu et se retrouve dans un bordel !

SAMANTHA - Quelle crise ! Un franc succès. Quinze Espagnols en chaleur qui m'ont fait du gringue !

VICTOR - Le plus beau souvenir de sa vie !

SAMANTHA - Mais comme une crétine, j'ai regagné seule ma chambre d'hôtel. Au niveau hygiène, j'ai vraiment loupé un coche !

Samantha et Amandine rient joyeusement.

ROMAIN - Tonton Victor, je… je suis très heureux de te revoir.

VICTOR - C'est pas réciproque. Qu'est-ce qu'il devient, le faux énarque ?

ROMAIN - Ben… c'est pas très brillant.

VICTOR - T'as jamais été brillant.

ROMAIN - J'ai eu une mauvaise passe mais… mais depuis j'ai fait un gros travail sur moi-même.

VICTOR - Et alors ?

ROMAIN - Aucun résultat !

VICTOR - T'es la honte de la famille !

SAMANTHA - Victor, à ta place je la mettrais en veilleuse. Qui se vante d'avoir tout raté dans son existence ?

VICTOR - Il ne faut jamais croire ce que je dis. Des mots en l'air ! En vérité, j'aime passionnément la vie. Non, ce que je ne supporte pas c'est de vieillir. Surtout sans un rond en poche. Je peux plus profiter de rien.

AMANDINE - Tu nous fais confiance, on va redorer ton patrimoine financier.

VICTOR - Comment ? D'un coup de baguette magique ?

SAMANTHA - Laisse-nous cogiter.

VICTOR - Excuse Romain, je suis un peu à cran. Mais t'es une énigme pour moi.

ROMAIN - Moi, je suis…

Victor - Oui. T'as l'air intelligent mais tu l'es pas ! C'est quand même un paradoxe !

Samantha - Encore une boulette de ce genre et on te dépose sans préavis à l'Armée du Salut !

Caroline apparaît.

Caroline - Victor, tu es profondément injuste. Romain est un garçon intelligent dont les capacités mentales et physiques n'ont pas encore atteint leur maximum.

Romain - Totalement d'accord !

Caroline - Je pense qu'un jour prochain, il va faire ses preuves et tu pourras te féliciter de l'avoir près de toi. C'est certainement grâce à lui que tu vas renaître de tes cendres…

Victor - Rien compris à ton charabia !

Samantha - Nous, si ! C'est ça ton idée !

Romain - Vous m'avez trouvé un nouveau job ?

Samantha - On va très vite t'affranchir ! Tu ne vas pas être déçu…

Romain - Ça consiste en quoi ? Qu'est-ce que je vais faire ?

Caroline *(tout sourires)* - Un casse ! Un casse, mon chéri !

Amandine - Elles sont démentes ! Complètement démentes !

Tous se regardent, chez Samantha et Caroline avec un sourire jubilatoire.

NOIR
Courte musique

Retour lumière. Quelques jours plus tard. Romain dort dans un fauteuil. Samantha entre avec Bernadette, plutôt délurée.

SAMANTHA - Entrez, Bernadette. C'est très gentil d'être venue jusqu'à moi. Nous sommes en famille et nous devons gérer un ennui de famille avec notre frère Victor.

BERNADETTE - C'est pas le bout du monde ici ! *(Fixant Romain.)* C'est qui ce beau garçon ?

SAMANTHA - Romain, mon neveu. Il est souffrant.

BERNADETTE - Il est contagieux ?

SAMANTHA - Pensez-vous ! Il a reçu une excellente éducation, même les microbes il les donne pas ! À propos, votre petit frère va mieux ?

BERNADETTE - Sa grippe est terminée. Il a repris la direction de son magasin de chaussures, boulevard Rochechouart.

SAMANTHA - Mais il vend des chaussures pour femmes ou pour hommes ?

BERNADETTE - Les deux. Mais il n'a que des employés masculins.

SAMANTHA - Drôle d'endroit qui ne pratique pas la parité.

BERNADETTE - C'est quoi la parité ?

SAMANTHA - Une convention d'égalité dans le travail, dans les salaires, pour les deux sexes.

BERNADETTE - Qui c'est qui a deux sexes ?

SAMANTHA - Oui, bon, on reprendra le débat un autre jour. Ah ! je dois vous remettre mon trousseau de clés ! Vous me le rapportez sans faute dès que vous avez fini le ménage.

BERNADETTE - Soyez tranquille. Je nettoie les carreaux, aujourd'hui ?

SAMANTHA - Oui. Laissez vos affaires une minute dans cette pièce. Vous qui aimez les beaux meubles anciens, venez voir la dernière acquisition de ma sœur…

> *Bernadette pose son manteau et son sac. Samantha la fait sortir mais juste avant donne un coup violent dans le fauteuil de Romain qui tressaille. À peine les deux femmes disparues, il se lève d'un bond et se précipite vers le sac de la femme de ménage. Il fouille à l'intérieur, prend un trousseau de clés. Il le range dans sa poche et va s'allonger à nouveau. Samantha et Bernadette réapparaissent.*

BERNADETTE - C'est vrai qu'elle est superbe cette commode.

SAMANTHA - Elle provient d'une boutique, rue Pigalle.

BERNADETTE - Je vois très bien laquelle.

SAMANTHA - Mon ex-mari aimait beaucoup fureter dans le quartier mais c'était pas les antiquités qu'il reluquait…

BERNADETTE - À tout à l'heure donc… *(Passant devant Romain.)* Il est très craquant, le neveu. Il ne cherche pas une personne pour…

SAMANTHA - Non, non, il passe le chiffon tout seul.

BERNADETTE - Dommage. Et d'une aide-soignante ? Ça ne me déplairait pas de le remettre sur pied, même si c'est allongé qu'il doit être le plus performant !

SAMANTHA - Faut pas vous en promettre !

BERNADETTE *(rieuse)* - J'ai la santé ! Alors, je vous rapporte très vite vos clés… S'il est encore là, il aura peut-être besoin de quelqu'un pour le ramener au bercail, ce garçon ?

SAMANTHA - Oui. Mais avec du poil au menton et un objet de reproduction, si vous voyez ce que je veux dire ?

BERNADETTE *(déçue)* - Oh ! mince ! Il est…

SAMANTHA - Oui. Vous pouvez toujours lui présenter votre petit frère !

BERNADETTE *(hilare)* - J'en ai quatre ! C'est peut-être pas définitif ?

Bernadette sort. Romain se lève.

ROMAIN - Elle… elle est complètement nympho, ta… ta bonne femme.

SAMANTHA - Un peu plus, elle te sautait dessus !

ROMAIN - Au secours !

SAMANTHA - Allez ! Au turbin, mon grand. C'est le grand jour ! On passe à l'attaque !

ROMAIN - Je fonce chez le serrurier d'à côté fabriquer un double de clés.

Samantha ouvre un tiroir de commode et sort deux pistolets. Romain, qui s'apprêtait à sortir, tourne la tête.

ROMAIN - C'est des vrais ?

SAMANTHA - Tu es fou ! Des faux pistolets mais du vrai whisky ! Regarde ! *(Elle en active un qui gicle dans sa bouche.)* Une petite soif et hop ! je me désaltère !

ROMAIN - C'est géant ! À tout de suite !

Romain sort. Samantha se rend vers les chambres. Amandine et Greg entrent.

GREG - Ça va pas, ça va plus ! On arrive pas à communiquer, on arrive pas à se retrouver…

AMANDINE - Qu'est-ce que tu dis ? On se voit toute la journée !

GREG - Tu parles ! On ne fait que se croiser. T'es dans une pièce, moi dans une autre. C'est le bordel !

AMANDINE - Ne sois pas grognon. Nous ne sommes pas que tous les deux ici. Je ne suis pas chez moi. Et tu as vu mon frère Victor, il est très perturbé.

GREG - Comment se fait-il qu'il ait cet accent et pas vous ?

AMANDINE - Il a été élevé par une nounou à Narbonne. Pendant treize ans, on l'a pratiquement pas vu.

GREG - J'ai une idée ! Si ce soir, tu les laissais se débrouiller et tu te pointais chez moi ?

AMANDINE - Ça serait merveilleux. Mais pas dans l'immédiat. Je suis la cadette de la famille, il se repose sur moi pour plein de choses.

GREG - Que tu dis ! J'ai l'impression que nous deux ça part en vrille…

AMANDINE - Au contraire ! On va se rattraper très vite. *(Elle l'embrasse sur la joue)* Du courage !

Caroline et Samantha entrent. Toutes les deux sont cagoulées, vêtues en sombre et portant des gants. Samantha tient en main un petit bagage.

GREG *(ahuri)* - Il fait si froid que ça dehors ?

CAROLINE - Faut ce qu'il faut à notre âge.

GREG - Vous partez en courses ?

CAROLINE - Euh… oui. On se rend dans un magasin de… de surgelés !

GREG - Vous voulez que je vous y emmène avec ma voiture ?

SAMANTHA - Merci. *(À Amandine.)* Romain patiente devant le portail.

AMANDINE - Vous êtes sûres que ce n'est pas trop risqué ?

CAROLINE - Ma chérie, comme tu sais, nous ne manquons pas d'expérience.

GREG *(ironique)* - Tout de même, faut toujours se montrer vigilant. On peut vous refiler en douce des produits périmés !

CAROLINE - Hein ? Euh… oui, bien sûr.

GREG - Vous comptez aussi vous rendre dans une grande surface ?

SAMANTHA - Tu veux connaître notre emploi du temps complet ? T'es du FBI ?

GREG - Non. Je manque de céréales. Si par hasard, vous passez devant une supérette…

SAMANTHA - T'as besoin de quoi ? Du blé ? De l'oseille ? Ça tombe bien, on a prévu d'en rapporter un bon paquet !

GREG - Mais c'est dans ce sac modèle réduit que vous comptez entasser tous vos achats ?

SAMANTHA - Tu y vois un inconvénient ?

CAROLINE *(bas)* - Pourquoi tu le tutoies ? *(Fort.)* Bon ! En route !

SAMANTHA - Je suis excitée comme une puce !

Amandine, soucieuse, se rapproche de ses sœurs.

AMANDINE - Surtout, surtout, soyez prudentes !

GREG - À part un accident de caddie, je vois pas ce qui peut leur arriver.

CAROLINE - Coco, vous pourriez pas la boucler cinq minutes ?

SAMANTHA - Toi qui as la foi, tu fais une petite prière à notre attention.

AMANDINE - Vous êtes certaines qu'il n'y a personne sur place ?

SAMANTHA - Personne !

GREG - Comment ça « personne » ? Votre magasin est en train de mettre la clé sous la porte ?

CAROLINE - Mais il est infernal avec son grain de sel intempestif !

AMANDINE - Je ne suis pas rassurée du tout. Surveillez attentivement Romain. Il débute.

GREG - Il débute ? Quelle flemme ! Il se fait livrer ses courses ?

SAMANTHA - Un moyen astucieux pour faire de bonnes rencontres ! Un homme qui livre des surgelés c'est pas forcément un type refroidissant…

CAROLINE *(à Amandine)* - Tranquillise-toi. Tout va très bien se passer.

SAMANTHA - Moi cette sortie me donne des ailes. J'ai l'impression de prendre un coup de jeune !

AMANDINE - Écoutez, n'y allez pas, je ne perçois pas de bonnes ondes.

CAROLINE - Calme-toi ! *(À Greg.)* Et vous, vous ne pouvez pas la détendre un peu ? C'est votre boulot !

GREG - Hé! ho! On arrête le stress Mamie Nova! Moi, je ne demande que ça! *(À Amandine.)* Allez, obéis à tes aînées. Et pourquoi tu t'affoles? Il fait froid mais il ne gèle pas!

Victor apparaît.

VICTOR - Quel raffut! On peut même plus faire la grasse matinée. *(Découvrant Samantha et Caroline cagoulées.)* Oh! les sœurettes, vous partez pour une expédition au pôle Nord?

SAMANTHA - T'occupe! Mon Victor, je viens de passer du café et tu as sur la table de cuisine des croissants frais.

VICTOR - Tu parles! J'ai jeté un œil, ils ont pas l'air fameux.

CAROLINE - Personne ne te force à les manger.

VICTOR - C'est ça! Tu veux sans doute que je crève d'inanition?

CAROLINE - Victor, tu nous fatigues!

VICTOR - T'as une dent depuis toujours contre moi parce que nous ne sommes pas du même lit.

CAROLINE - Qu'est-ce que c'est que cette histoire? Nous avons tous les quatre la même mère!

VICTOR - Je parle du père!

CAROLINE - Nous n'avons eu qu'un seul père.

VICTOR - Ça reste à prouver. Notre mère cuisinait divinement les spaghettis mais elle était aussi très liante avec les étudiants du campus d'à côté. *(Il rit.)* Pauvre papa!

SAMANTHA - Alors pourquoi il ne l'a jamais quittée?

VICTOR - À cause des spaghettis!

AMANDINE - Victor, tu devrais avoir honte de déblatérer comme ça sur nos parents.

VICTOR - Pardon ! Je rigolais !

GREG *(rieur)* - Vous tenez une de ces pêches !

VICTOR - Treize de tension, soixante de pouls, vitesse limitée à trois nœuds, j'essaie de maintenir le cap.

GREG - Je parie qu'il y a encore des femmes qui vous courent après ?

VICTOR - Aujourd'hui quand une femme me harcèle c'est qu'elle veut connaître mon code de carte bleue ! *(Il rit.)* C'est des conneries. Je ne dévoilerai pas mon jardin secret. Bon ! J'ai faim ! Salut la compagnie !

Victor se rend vers la cuisine.

GREG - Il est impayable, le capitaine !

CAROLINE - Impayable ? Insolvable plutôt !... Notre temps est précieux. À tout à l'heure !

SAMANTHA *(à Amandine)* - Chérie, tu mets une cuvée au frais. À notre retour, nous aurons certainement une furieuse envie de… de pétillant.

CAROLINE - Nous pourrons aussi arroser un grand événement… *(Tout sourires.)* Le départ d'un objet magnétique !

GREG - Je termine déjà ce soir, oui.

CAROLINE - Déjà ? Enfin ! Sept jours au lieu de quatre, vous avez raison de fonctionner au forfait !

GREG - C'est qu'il y a eu plus de pauses que prévu…

AMANDINE - Comme c'est bon de se « pauser » !

CAROLINE - Oui, on a compris.

Samantha - Si chaque fois que tu exécutes des travaux quelque part tu butines la maîtresse de maison, tu dois pas être une opération rentable !

Caroline - Mais je dois reconnaître que vous êtes très appliqué dans ce que vous faites.

Amandine - Je confirme !

Samantha - En tout cas, par prudence, pour la toiture, un mois et demi d'ouvrage, embauche un gay !

Amandine *(rieuse)* - Des jalouses, des envieuses, des mémés, voilà ce que vous êtes !

Caroline - Les mémés te disent bien des choses ! Bye-bye ! *(Faisant un signe de la croix.)* Et que Dieu soit avec nous !

Samantha *(chantonnant la chanson de « Blanche-Neige »)* - Hé, ho ! Hé, ho ! On s'en va au boulot…

Samantha et Caroline sortent.

Greg - Une question : vous avez tous un grain dans la famille ? Tes sœurs, quel cinoche pour simplement aller effectuer quelques achats !

Amandine - Comme tu l'as remarqué, nous sommes toutes très attachantes…

Greg - Elles, à petites doses. *(S'étirant les bras.)* Enfin seuls ! On se fait un petit câlin ?

Amandine - Tu oublies Victor.

Greg *(l'enlaçant)* - Écoute, il peut s'occuper tout seul. J'ai envie de toi.

Amandine - Dès qu'on le laisse seul, Victor multiplie les bêtises.

GREG - Moi, j'aimerais bien faire plus de bêtises avec toi. Avoue que tu ne me prends pas au sérieux ? Je suis amoureux de toi. Je veux construire une histoire solide.

AMANDINE - Tu précipites trop les événements. *(Elle lui prend la main.)* Allez ! Accompagnez-moi monsieur Ripolin…

Ils sortent. Bernadette réapparaît.

BERNADETTE - Y'a quelqu'un ? Ouh, ouh !

Victor entre, une serviette de table autour du cou.

VICTOR - Oui ? C'est pour quoi ?

BERNADETTE - Je vous prie de m'excuser, monsieur. Euh… je suis Bernadette…

VICTOR *(la coupant)* - Bernadette ? C'est pas de pot ! Merci les parents !

BERNADETTE - Je suis la femme de ménage de Samantha. Il faut absolument que je lui parle.

VICTOR - Elle vient de mettre les voiles !

BERNADETTE - Comment ? Écoutez, je suis passée tout à l'heure et je me demande si je n'ai pas égaré des clés ici. Elles appartiennent à un banquier chez qui je travaille. Il est parti quelques jours en vacances et je me rendais chez lui pour arroser ses plantes vertes quand je me suis rendu compte que je ne les trouvais plus dans mon sac.

VICTOR - Les plantes vertes ?

BERNADETTE - Les clés. J'ai cherché partout. Oh là là ! Il va être colère mon banquier. Mais impossible de mettre la main dessus !

VICTOR - La main sur le banquier ?

BERNADETTE - La main sur les clés ! Vous ne les auriez pas trouvées, par hasard ?

VICTOR - Quoi donc ?

BERNADETTE *(hurlant)* - Les clés ! *(Se reprenant.)* Pardon ! Je suis complètement stressée. Je vais me prendre une sacrée engueulade !

VICTOR - Désolée mignonne, je ne peux rien pour vous. Je ne sais pas où sont passées les plantes vertes du banquier sans clés…

BERNADETTE - Vous vous moquez de moi !

VICTOR - Je me moque de tout le monde sans distinction.

BERNADETTE - Je crois que j'ai un mauvais karma aujourd'hui. *(Soupirant.)* Enfin… Je peux repasser ?

VICTOR - Pas de problème ! La corbeille de linge est pleine.

BERNADETTE - Non. Je peux repasser tout à l'heure pour interroger Samantha ?

VICTOR - Une personne aussi charmante que vous n'est jamais dérangeante…

BERNADETTE - C'est gentil ce que vous dites là… Vous êtes un proche de Samantha ?

VICTOR - Le délicieux frère protecteur de trois créatures démoniaques : Samantha, Caroline et Amandine. Approchez !

BERNADETTE - Comment ?

VICTOR - Approchez ! Je ne vais pas vous dévorer. *(Bernadette se rapproche de Victor.)* Je suis leur souffre-douleur, leur esclave ! Elles m'en font baver, si vous saviez ! Tiens, ce matin, on m'a même refusé une nourriture saine. On m'a refilé des croissants de quatre jours !

BERNADETTE - C'est pas possible !

Victor - Et je n'ai pas un sou en poche pour aller m'en acheter des frais…

Bernadette - C'est vrai que vous êtes tout pâle ! Attendez ! *(Elle fouille dans son sac.)* On va y remédier… Ah ! je n'ai qu'un billet de cinquante euros…

Victor *(le saisissant et l'empochant rapidement)* - Ça fera l'affaire ! Je m'achèterai une tablette de chocolat en plus !

Bernadette - Mais…

Victor - Vous êtes un ange ! C'est amusant, vous me rappelez une ancienne camarade des Folies Bergères. Elle s'appelait Marjorie. Elle avait une vie imbibée de mystère, et moi à cette époque j'étais… imbibé différemment !

Bernadette - Je… je ne voudrais pas me montrer indiscrète, pourquoi vos sœurs vous maltraitent ?

Victor - À cause de mon passé. Elles ont honte de la vie agitée que j'ai menée. Elles me la font payer très cher aujourd'hui.

Bernadette - Vous étiez dans quoi ?

Victor - La protection rapprochée ! Souteneur !

Bernadette - C'est pas possible !

Victor - À quinze ans, j'ai débarqué à Paris. Je traînais tout le temps à la station « Arts et Métiers ». Le problème, on m'a recalé aux universités. J'ai pas voulu changer de quartier. Plus tard, une paumée m'a un jour demandé de l'aide. Puis une seconde, une troisième… L'engrenage.

Bernadette - C'est fascinant !

Victor - Être souteneur c'est un métier très rude. On joue aux cartes toute la journée…

BERNADETTE - Vous vous occupiez de trois filles ?

VICTOR - J'avais trois « compteurs », oui. Je vous raccompagne à la porte, Josette.

BERNADETTE - Bernadette !

VICTOR - Bernadette ! Comment peut-on survivre avec un prénom si déprimant ? Pourtant vous semblez être une source d'allégresse… *(Bernadette éclate de rire.)* Je vous verrais très bien en blonde platine, déclamant des vers sur la plateforme d'un gratte-ciel à Nagasaki !

BERNADETTE - Vous êtes un sacré rigolo ! On doit difficilement vous cerner.

VICTOR - Tant mieux ! Chère petite madame, je ne peux vous garder plus longtemps, je dois me préparer. J'ai un rendez-vous très important avec mon ami le ministre.

BERNADETTE *(ahurie)* - Vous êtes ami avec un ministre ?

VICTOR - Je préfère rester discret sur son identité.

BERNADETTE - Je comprends.

VICTOR - Nous devons nous concerter sur une œuvre humanitaire : la réouverture des maisons closes !

BERNADETTE *(fascinée)* - Quelle histoire !

VICTOR - Quelle aventure ! Il faut annuler ce fameux « décret scélérat » !… Après vous…

Victor pousse presque dehors Bernadette.

NOIR

Courte musique

ACTE II

Retour lumière. Quelques heures plus tard. Samantha et Romain tiennent en main une coupe de champagne.

SAMANTHA - À la tienne ! À notre réussite ! Quelle belle journée… enrichissante.

ROMAIN - C'était génial ! Caro et toi, vous m'avez bluffé !

SAMANTHA - Le savoir-faire, mon lapin ! J'avais une légère crainte d'être devenue une has been de la pince-monseigneur, eh bien non !

ROMAIN - Tu étais impressionnante. Je t'ai observée, j'ai rien loupé.

SAMANTHA - Attention Romain, si tu te lances un jour, il faut avoir des principes. Tu ne dois pas te transformer en un vulgaire cambrioleur dénué de tout sens moral.

ROMAIN - Enfin, Tata !

SAMANTHA - Caroline et moi n'avons eu de cesse de n'avoir qu'une seule exigence : réparer des injustices. Comme pour Victor qui s'est fait spolier de tout son pécule par un banquier sans scrupule. Tu comprends ?

ROMAIN - Oui, oui. Vous pratiquez la récupération de détournements de fonds illicites.

SAMANTHA *(stupéfaite)* - Alors toi ! Comme tu t'exprimes… Je t'ai peut-être sous-estimé… Ou c'est le champagne qui te galvanise !

ROMAIN - Tu me prends vraiment pas pour une lumière.

SAMANTHA - Jusqu'à présent, j'avais l'impression que ta puissance maximum ne dépassait pas les quarante watts !

Amandine entre, une coupe de champagne à la main.

AMANDINE - Alors ? Le butin se monte à combien ?

SAMANTHA - Quatre-vingt mille euros !

AMANDINE - Un vrai jackpot ! Il faut être cinglé pour conserver tant de liquidité dans un coffre à domicile. J'ai ouvert pour Victor un nouveau compte dans une autre banque. Je vais aller déposer tout cette manne.

SAMANTHA - T'as vu l'heure ? Il est plus de dix-huit heures. Tu ne pourras manœuvrer que demain. Il reste encore à récupérer cinquante mille euros.

AMANDINE - Romain, je dois te dire que je n'approuve pas du tout mes sœurs de t'avoir mis à contribution.

ROMAIN - Faut bien qu'elles assurent une relève !

AMANDINE - C'était pas du tout indispensable !

ROMAIN - Je ferai comme elles : je ne pratiquerai que de la « récupération ».

AMANDINE - Je vois qu'elles t'ont inculqué leurs principes déplorables.

Victor entre, surexcité.

VICTOR - La révolution est en marche ! Le peuple se révolte ! Le tocsin sonne à la maison de retraite !

SAMANTHA - C'est nous qui buvons mais c'est lui qui pète un câble !

AMANDINE - Tu nous ferais pas une poussée de fièvre ?

VICTOR - À la résidence des Pins, Zoé et deux autres amies ont décidé une grève de la faim si on n'accepte pas de me reprendre parmi les pensionnaires.

AMANDINE - Et tu crois qu'on va avaler cette couleuvre ?

SAMANTHA - Victor chéri, arrête de nous prendre pour des buses !

VICTOR - Vous voulez la preuve ? *(Il sort son portable, le tend à Samantha.)* Tiens, écoute le message de Zoé… *(Samantha saisit le portable, écoute le message. Aux autres.)* Vous buvez sans moi ? Sympa !

ROMAIN *(un peu paf)* - On trinque entre filles !

SAMANTHA *(rendant son portable à Victor)* - Pour une fois, il dit vrai. *(À Victor.)* Tu as un véritable fan club. Elles sont déterminées !

VICTOR - Évitons un drame. Il faut immédiatement appeler la Thénardier !

SAMANTHA - On lui dit quoi exactement ?

VICTOR - Tu lui dis que j'oublie ses propos de démente, son geste inconsidéré de m'avoir jeté…

AMANDINE *(le coupant)* - Il faut peut-être présenter la chose avec plus de souplesse et de courtoisie.

VICTOR - Alors, voyons… Conscient du mouvement social qui s'est déclaré dans son établissement, je me propose de la secourir. J'accepte de sauver la situation. Je réintègre !

SAMANTHA - Et tu crois que ça va marcher ?

VICTOR - J'ai fait monter la pression d'un cran. J'ai conseillé à Zoé de faire circuler une pétition !

SAMANTHA - Ta dirlo doit être à la limite d'une dépression nerveuse !

VICTOR - Elle est payée pour en baver ! *(Romain éclate de rire.)* Qu'est-ce qui lui arrive à ce guignol ?

AMANDINE - Une coupe, il a plus sa tête. Romain ne boit jamais.

VICTOR - Il est pas fabriqué comme tout le monde celui-là.

ROMAIN - Je… je crois que je suis cassé !

SAMANTHA - Installe-toi confortablement dans ce fauteuil, lapin. Tu seras mieux.

Romain, légèrement titubant, se rend vers le fauteuil.

VICTOR *(le suivant du regard)* - Vent de force huit, ça tangue, hein ?

ROMAIN - Alors ce soir, tu vas peut-être à nouveau coucher là-bas ?

VICTOR - J'y compte bien. Retrouver ma chère Zoé. Et les autres.

ROMAIN *(paf)* - Tu… tu vas dormir avec ta femme ?

VICTOR - Pas avec la tienne, c'est sûr !

Caroline entre, une coupe à la main.

CAROLINE - Je commence à me détendre.

SAMANTHA *(à Caroline)* - Tu veux un scoop ? Zoé et Victor ont fusionné !

VICTOR - Je suis un éternel amoureux.

AMANDINE - Bravo ! Moi, je dis bravo ! Vive l'amour ! Comme moi, tu es miscible.

VICTOR - Ça veut dire quoi ça ?

AMANDINE - Qui peut se mélanger de manière homogène avec un autre corps !

SAMANTHA - Reste simple, ma chérie.

VICTOR - J'ai d'ailleurs dédié mon dernier poème à Zoé.

ROMAIN - Tu… tu…

AMANDINE - Plus de champagne pour Romain, que du Champomy !

ROMAIN - Tonton, tu écris des poèmes ?

VICTOR - Les verres, je ne fais pas que les siffler, je sais aussi les aligner…

« Et sous mes paupières lourdes par le temps passé
À cultiver mes bourdes, erreurs additionnées,
Se lève l'espérance de ta douce lumière
Qui met fin aux errances d'un fichu caractère.
Tu as le premier rôle, je te donne la réplique.
Le salut de mon âme dépend de ma supplique.
Ensemble et pour la vie, jouons la partition
D'une tendre comédie rythmée par la passion… »

ROMAIN *(applaudissant)* - Fabuleux ! J'ai rien compris.

AMANDINE - Tu devrais te reposer un peu.

Romain ferme les yeux.

CAROLINE *(à Victor)* - On se demande comment un trublion de ton espèce arrive parfois à nous charmer par une plume aussi fine…

VICTOR - J'assume mes contradictions.

AMANDINE - Nous sommes tous témoins que le capitaine reprend du poil de la bête. Il ne veut plus périr en mer.

CAROLINE - À défaut de mourir, il préfère continuer à empoisonner tout son entourage !

SAMANTHA - En tout cas, le principal c'est que nous puissions encore longtemps contempler ta mine réjouissante !

Romain pousse un ronflement bruyant.

VICTOR - Il roupille, le matelot ! Samantha, on lance notre offensive ? On bigophone à la maison de retraite ?

SAMANTHA - Je vais te la chauffer, compte sur moi !

Samantha et Victor sortent.

AMANDINE *(contemplant Romain)* - On dirait un bébé.

CAROLINE - Arrêtons la mièvrerie ! Et arrêtons de l'assister ! On le transforme en chiffe molle !

AMANDINE - Pourquoi me fixes-tu comme ça ?

CAROLINE - Ça te réussit d'être amoureuse. Tu es rayonnante.

AMANDINE - Ce qui est ennuyeux, c'est que toutes les femmes autour de moi vont paraître très insignifiantes… *(Elle sourit.)* Comme c'est agréable de ne penser qu'à soi…

Greg entre.

GREG - Tout est rangé, en ordre dans le camion. Je viens vous dire au revoir.

AMANDINE - Tu es pressé ou tu as le temps de boire une coupe ?

GREG - J'ai du temps.

AMANDINE - Auparavant, est-ce que tu peux m'aider ? On va emmener Romain jusqu'à sa chambre. Il a un coup de pompe.

SAMANTHA *(moqueuse)* - Il faut coucher le « bébé » dans son lit et surtout ne pas oublier de lui donner sa tétine !

GREG *(à Romain)* - Hé ! ho ! Mon pote, on émerge ! *(Romain ouvre un œil.)* Qui va aller s'allonger un moment sur son grand lit ?

ROMAIN - C'est Romain avec Greg !

GREG - C'est Romain sans Greg !

ROMAIN - Oh non ! Le calvaire continue.

GREG - Allez, debout !

Romain se lève, soutenu par Amandine et Greg. Il n'hésite pas à se coller contre Greg en avançant.

GREG - Ho ! On ne se laisse pas aller !

ROMAIN - Je me sens si faible, si troublé…

GREG - Les mains dans les poches ! Il est pas possible, celui-là !

CAROLINE - Je vous accompagne.

Ils sortent. Samantha et Bernadette entrent.

BERNADETTE - Quelle journée ! J'en peux plus !

SAMANTHA - Il s'est passé un accident chez moi ? Vous avez brisé un vase ?

BERNADETTE - Moi, vous savez bien que je ne casse rien !

SAMANTHA - C'est vrai, je l'ai remarqué… Mettez-vous à l'aise. Vous avez bien cinq minutes ?

Bernadette ôte son manteau, pose son sac sur la commode, louche sur une coupe de champagne.

BERNADETTE - C'est du champagne ?

SAMANTHA - Non. C'est une analyse d'urines ! *(Elle rit.)* Je plaisante. Buvez. Personne n'y a touché.

BERNADETTE - J'en ai besoin.

Bernadette prend la coupe et la vide d'un trait.

SAMANTHA - Comment le trouvez-vous ?

BERNADETTE - Une seconde coupe me permettrait un jugement plus sûr.

SAMANTHA - On verra plus tard. Alors, que vous arrive-t-il ?

BERNADETTE *(lui tendant un trousseau de clés)* - Déjà que j'oublie pas de vous rendre les clés de votre domicile. *(Samantha les range dans un tiroir de la commode.)* Figurez-vous que j'ai égaré celles de mon... de mon... Enfin d'un autre client. Par hasard, vous ne les auriez pas récupérées ?

SAMANTHA - Non. Désolée.

BERNADETTE *(s'affaissant sur le canapé)* - Je suis mal. Très mal.

Samantha, dans le dos de sa femme de ménage, ouvre son sac, sort un pistolet qu'elle pose sur la commode puis un trousseau de clés qu'elle va déposer dans le cabas de Bernadette.

SAMANTHA - Votre client, il y a longtemps que vous travaillez pour lui ?

BERNADETTE - Trois ans déjà. Il est fort prévenant, très, très attaché à moi.

SAMANTHA - J'ai cru comprendre, oui. Vous n'avez donc pas à craindre qu'il vous congédie.

BERNADETTE - Il est assez imprévisible. *(Tournant la tête, elle pousse un cri d'effroi.)* Aaaah !

SAMANTHA - Qu'est-ce qui vous arrive ?

BERNADETTE - Sur votre meuble, il y a une arme à feu !

SAMANTHA - Et alors ? On a des souris. Pan ! Pan ! On a plus de souris ! *(Elle range le pistolet dans un tiroir de la commode.)* Vous êtes vraiment à cran.

BERNADETTE *(d'une voix faible)* - Vous aussi.

SAMANTHA - Ma petite, vous êtes vraiment sûre d'avoir fouillé jusqu'au fond de votre cabas ?

BERNADETTE *(se levant, prenant son sac)* - Je vérifie à nouveau mais… *(Elle fouille, change de tête.)* Non mais quelle idiote ! Elles y sont. *(Elle brandit le trousseau.)* Je me giflerais !

SAMANTHA - Vous avez besoin d'un coup de main ?

BERNADETTE - Ouf ! Quel soulagement !… Oh ! je respire mieux ! Il est excellent ce champagne…

SAMANTHA - Il est en promo chez Leclerc…

BERNADETTE - À propos, j'ai fait tout à l'heure la connaissance de Victor, votre frère. Il semble très abattu.

SAMANTHA - Il vous a raconté ses déboires ? Tout devrait s'arranger. Il va vite retrouver ses grandes chéries !

BERNADETTE *(ahurie)* - Non ?! Il reprend du service ? C'est pas possible !

SAMANTHA - Elles ne peuvent pas se passer de lui.

BERNADETTE - Vous devez être consternée !

SAMANTHA - Au contraire ! Je préfère qu'elles l'aient sur les bras que nous sur le dos !

BERNADETTE - Mais il va les malmener, les violenter peut-être ?

SAMANTHA - Elles n'attendent que ça. Elles le vénèrent ! Au plus il abuse d'elles, au plus elles sont heureuses. C'est le club des givrées !

BERNADETTE - Je suis sidérée. Je croyais que vous désapprouviez totalement son mode de vie ?

SAMANTHA - Comment ça ? Je sens comme une embrouille quelque part. Vous avez perçu que Victor est un délicieux mythomane ?

BERNADETTE - Euh… Ah bon ?

SAMANTHA - Oui, je vois… Allons récupérer le champ' en cuisine et vous me raconterez comment mon frère a abusé de votre crédulité. Ma chère Bernadette, sortie de votre couette, c'est pas la lumière…

BERNADETTE *(éplorée)* **-** Il m'a raconté que depuis des années, il faisait travailler des filles…

SAMANTHA *(rieuse)* **-** Un maquereau, lui ? Même dans son assiette, il supporte pas…

Samantha et Bernadette sortent.
Amandine et Greg réapparaissent.

AMANDINE - Tu peux répéter ta question ?

GREG - Mon amour, veux-tu m'épouser ?

AMANDINE - J'avais bien compris. On se connaît depuis une semaine et tu veux me passer la bague au doigt ?

GREG - Oui.

AMANDINE - Remarque, sur le principe, une jolie alliance cerclée de cinq diamants, je n'ai rien contre. C'est le passage à l'acte qui m'interpelle. Tu ne trouves pas que tu brûles les étapes ?

GREG - Tu n'as plus de temps à perdre !

AMANDINE - Ça veut dire que mes vingt ans sont loin derrière moi ? Quel tact !

GREG - Ça veut dire que chaque minute est précieuse pour construire notre couple.

Amandine - Sais-tu combien de fois on m'a demandée en mariage ? Quarante-deux fois ! Le même homme. Un illuminé ! Une question : tu as de l'argent de côté ?

Greg - Pourquoi ?

Amandine - Une femme entretenue ça fait plus sérieux.

Greg - J'ai hérité de mes parents l'entreprise de peinture, une maison à La Baule, un chalet à Chamonix, un terrain dans les Landes.

Amandine - Rien dans le Larzac ?

Greg - Dis-moi oui.

Amandine - Avec tout ce que tu viens de me révéler, c'est très tentant. Un mariage sans contrat, bien évidemment. En cas de divorce, j'obtiens cinquante pour cent. Eh bien réjouis-toi, j'accepte !

Greg - C'est vrai ? Où ? Quand ?

Amandine - Quand ? Le plus vite possible ! *(Elle rit.)* Je te propose qu'on parte en voyage. On visite l'Égypte et je te donne ma réponse à notre retour. Tu es d'accord ?

Greg - Tu es géniale ! *(Il l'enlace.)* Je t'aime !

Caroline entre.

Caroline - C'est pas vrai ! Pourriez pas faire vos cochonneries ailleurs ?

Greg - Excellente idée ! Vous seriez pas du genre « frustrée » par hasard ?

Greg sort, furieux.

Caroline - Quel con !

Amandine - Si tu arrêtais de le provoquer ?

CAROLINE - Il est trop susceptible, cet homme-là. Par contre, je n'ai pas été réactive. Comme apparemment ce garçon est ton ami, j'aurais dû exiger une ristourne de trente pour cent sur la note.

AMANDINE - Tu perds jamais le nord en affaires. Nous avons décidé de prendre l'avion et nous rendre en Égypte.

CAROLINE - Je me demande où cette aventure va te mener. Enfin !

AMANDINE - Ma Caro, jusqu'à aujourd'hui, je ne crois pas que ma vie amoureuse ait provoqué des répercutions fâcheuses au sein de la famille.

CAROLINE - Tu as la mémoire courte. Rappelle-toi par exemple ton idylle avec « Tomate », le chanteur écolo qui s'accompagnait à la guitare sèche. Cet agité nous rendait tous dingues !

AMANDINE - Que racontes-tu ? C'était un garçon adorable.

CAROLINE - Il chantait faux, il grattait faux, on a tous eu pendant quatre mois les tympans complètement attaqués, meurtris !

AMANDINE - Comment se fait-il que je n'ai jamais pu connaître un homme sans que tu le démolisses ?

CAROLINE - Tu es une éternelle « femme-enfant ». Tu ne vois jamais les défauts de tes proches.

AMANDINE - Tu trouves ? Eh bien pour toi, je n'ai pas ce souci. Je peux sans problème te sortir une liste complète ! Écoute Caro, Greg est entré dans ma vie et je pense que c'est un cadeau du ciel. Ça peut durer un mois ou vingt ans, je m'en fiche ! Je vis ! Je m'éclate ! Alors je te le dis franchement : tu me gonfles !

Amandine sort, contrariée.

CAROLINE - Qu'est-ce que j'ai dit ? Qu'est-ce que j'ai fait ? Ah ! la jeunesse actuelle…

Samantha et Bernadette réapparaissent. Bernadette tient une coupe de champagne à la main et semble un peu paf.

SAMANTHA - Tu en fais une tête. Ça va pas ?

CAROLINE - On s'est chamaillé avec Amandine.

SAMANTHA - Tu te montres trop intransigeante avec elle.

CAROLINE - Elle ne jure plus que par ce Greg ! Ils vont prendre l'avion pour visiter l'Égypte.

SAMANTHA - Elle a raison de s'envoyer en l'air, c'est de son âge.

CAROLINE - Toi, tu l'approuves ?

SAMANTHA - Sans aucune réserve ! Je prendrais volontiers sa place. Sauf en avion.

BERNADETTE - Eh bien moi, j'en ai trois.

CAROLINE - Trois quoi ?

BERNADETTE - Trois copains.

SAMANTHA - Un pour chaque repas. Quel appétit !

BERNADETTE - Trois c'est un bon chiffre quand on fréquente des hommes mûrs. J'en ai toujours au moins un qui assure.

CAROLINE - Bernadette, vos bons plans sous la ceinture, un autre jour !

SAMANTHA - Pourquoi ? On doit pouvoir parler sexe entre femmes sans aucun tabou.

BERNADETTE - Elle a raison ! Vous n'êtes vraiment pas une femme libérée !

CAROLINE - J'ai passé l'âge, non ?

SAMANTHA - Ce n'est pas que question d'âge mais d'état d'esprit. Bernadette, que font dans la vie vos trois amis ?

BERNADETTE - J'ai un banquier, un épicier et un archéologue.

SAMANTHA - Un archéologue ! Plus vous vieillirez, plus il vous appréciera !

BERNADETTE *(consultant sa montre)* - Faut que je parte. François-Joseph va s'impatienter.

SAMANTHA - C'est lequel des trois ?

BERNADETTE - Aucun. C'est papa. Merci pour ce coup de champ'. *(À Samantha.)* Vous direz à votre frère qu'il a vraiment poussé loin le bouchon…

SAMANTHA - Que voulez-vous, ils sont tous comme ça les marins…

Bernadette prend son sac puis sort en titubant légèrement.

CAROLINE - Eh bien ! La femme « libérée », elle est pas encore arrivée chez elle ! Alors, raconte ! Qu'en est-il pour Victor ?

SAMANTHA - La directrice a demandé un délai de réflexion de vingt-quatre heures.

CAROLINE - C'est pas encore gagné !

Victor entre.

VICTOR - Ça discute, ça discute ! Moi, je vous dis qu'elle va devoir céder. J'ai trouvé un argument de choc.

CAROLINE - Je crains le pire !

VICTOR - Si elle émet un refus, Zoé alerte aussitôt les médias sur le manque total d'hygiène des lieux. La totale !

SAMANTHA - Il y a des problèmes d'hygiène sur place ?

VICTOR - Aucun. Mais ça sera facile d'en créer.

CAROLINE - Tu veux l'achever, ta directrice ?

VICTOR - Bien sûr que non. Je refuse d'être séparé de Zoé. « L'amour doit triompher de tous les obstacles. »

SAMANTHA - Bravo mon Victor ! Il n'y a que ça de vrai sur cette terre !

CAROLINE - Je préfère ne pas insister. À propos, tes finances s'arrangent. Demain ton nouveau compte bancaire sera renfloué de quatre-vingt mille euros.

VICTOR - Quoi ?! D'où provient cet argent ?

SAMANTHA - Un don pas vraiment spontané.

VICTOR - J'en veux pas !

CAROLINE - On ne te demande pas ton avis. T'encaisses et tu la boucles !

VICTOR *(touché)* - Vous… Vous avez relancé vos anciennes activités lucratives exprès pour moi ?

SAMANTHA - On a l'esprit de famille. Ça nous amusait aussi de reprendre du service. Et j'avoue que personnellement, je manquais de distraction.

VICTOR - Tout de même, vous êtes de sacrées nanas.

CAROLINE - De drôles de dames, on préfère.

Romain réapparaît.

ROMAIN - Je me sens patraque. Tout tourne !

VICTOR - Tous les symptômes d'un homme enceinte !

ROMAIN - Ouh là là ! Ouh là là !

Romain s'écroule au sol. Caroline et Samantha se précipitent.

CAROLINE - Faut appeler un médecin !

VICTOR - Et le curé !

Amandine et Greg réapparaissent.

CAROLINE - Greg, vous tombez à pic. On a besoin d'un réanimateur !

GREG - Qu'est-ce qui se passe ? *(Découvrant Romain allongé au sol.)* Oh non ! Pas lui ! Pas moi !

SAMANTHA - Allez, allez, au travail mon grand loup. On va admirer la technique du chef !

GREG *(à Victor)* - Vous, vous êtes son parent. C'est à vous d'agir.

VICTOR - Non. Ça serait malsain. Lancez-vous, c'est du tout cuit !

GREG - Y'a pas un voisin qui peut dépanner ?

CAROLINE - Vous attendez qu'on récupère un cadavre ou quoi ?

AMANDINE - Dévoue-toi. Il a franchement pas l'air d'aller bien.

Greg vient près de Romain. Tout le monde se rapproche, Victor prend une chaise comme au spectacle.

GREG - Devant ma fiancée ! C'est le plus mauvais jour de ma vie !

VICTOR - Faut toujours chercher à s'instruire, mon pote !

Greg regarde, consterné, chacun d'eux puis se penche sur Romain.

NOIR

Courte musique

Retour lumière. Quinze jours plus tard. Caroline lit « Paris-Turf ». Samantha entre.

SAMANTHA - Je ne te dérange pas ? Toujours accro aux courses hippiques !

CAROLINE - Ma drogue ! J'avais même rencontré mon mari à Chantilly si tu te souviens. Armand était propriétaire de deux juments.

SAMANTHA - Et toi, d'une deux-chevaux, à cette époque-là.

CAROLINE - Armand avait une allure folle quand il galopait dans la campagne…

SAMANTHA - Toi, tu avais une allure folle quand tu roulais au pas, rue de Rivoli.

CAROLINE - Ce cher Armand. Quel destin ! Il collectionnait les fers à cheval usés. Il disait que cela lui multipliait ses options chance.

SAMANTHA - Il en possédait deux cent cinquante sur une solide étagère. Je me rappelle.

CAROLINE - Et puis un jour, crac ! la solide étagère qui cède. Il se trouvait juste en dessous, il a pas survécu !

SAMANTHA - Trop de chance qui vous tombe sur la carafe, on s'en remet pas ! Tu le regrettes ?

CAROLINE - Je crois que ses juments me fascinaient plus que lui… Je te prépare un thé ?

Samantha - Un thé ! Et tu t'étonnes que tes amies ne veuillent plus te fréquenter. T'as rien de plus consistant ?

Caroline - Une délicieuse prune.

Samantha - En quarante-huit heures, j'en ai pris deux ! Elles étaient pas délicieuses !

Caroline assure le service.

Caroline - Alors, tu racontes quoi ?

Samantha - Bernadette vient de m'informer que son banquier l'a remerciée.

Caroline - Très contrariant. Mais prévisible.

Samantha - Ce plouc, ce radin, n'a pas accepté de « chanter ». Plutôt que d'allonger la monnaie en échange de notre silence sur sa relation adultère, il a préféré avouer à sa femme qu'il avait une maîtresse.

Caroline - Il faut passer à l'offensive supérieure. On kidnappe Mme Marinot !

Samantha - T'es folle ! Il prévient les flics et on se retrouve en prison !

Caroline - Tu as une autre solution à proposer ?

Samantha - Non. Je crois qu'il vaut mieux baisser les bras. Ça va trop loin pour nous. Victor a déjà en poche quatre-vingt mille euros, c'est mieux que rien.

Caroline - Un demi-échec !

Samantha - Quelle importance ? Je vais te dire : on kipnappait la mère Marinot, si ça se trouve son mari refusait de payer la rançon uniquement pour ne plus revoir la tronche de sa mocheté ! On l'avait dans le baba !

Caroline - Quel saligaud !

Samantha - À propos, tu cherches toujours quelqu'un pour l'entretien de ta maison ?

Caroline - Oui, oui.

Samantha - Bernadette a désormais une journée de libre par semaine. Je lui ai dit de passer te voir. En plus, elle raffole de la prune !

Caroline - Elle va me coûter une fortune !… Ah ! Amandine est rentrée de voyage. Elle m'a téléphoné ce matin. Elle est emballée !

Samantha - Par Greg ?

Caroline - Par les splendeurs égyptiennes !

Victor entre.

Samantha - Bonjour mon Victor. Tu es en avance.

Victor - Nous venons de déjeuner en tête à tête.

Samantha - Et il y a deux survivants ! Ça tient du miracle !

Caroline - Je lui ai préparé une pintade aux morilles accompagnée de pommes salardaises.

Victor - Je l'ai trouvée exquise !

Samantha - La pintade ?

Victor - Ta sœur !

Samantha - À quoi rime ce nouveau numéro de duettistes ?

Caroline - Victor est venu me demander un conseil pour une grave décision à prendre.

Samantha - Depuis toujours ça s'engueule, et aujourd'hui, sans préavis, ça pratique un armistice. Vous vous foutez de moi ?

CAROLINE - Victor réalise enfin la supériorité de mes jugements.

VICTOR - Il faut avouer qu'elle me coûte moins cher en taxi que toi qui habites au bout du monde.

SAMANTHA - Maintenant que tu as regagné la résidence des Pins, tout va pour le mieux ?

VICTOR - Justement, non. Il va y avoir du changement.

SAMANTHA - Comment ça ?

VICTOR - Je quitte la taule.

SAMANTHA - Après toutes les manœuvres pour que tu la réintègres !

CAROLINE - Calme-toi. Il part pour une raison très touchante.

VICTOR - Voilà. Zoé possède une bicoque face à l'océan Atlantique, à Bénodet. Elle en a la nostalgie, elle veut absolument partir y vivre.

SAMANTHA - Très jolie localité, Bénodet.

VICTOR - Oui. Zoé n'a plus de famille et, depuis quelques mois, ses facultés mentales s'affaiblissent. Elle peut se rendre là-bas mais seulement accompagnée par quelqu'un de proche et surtout très attentif à tous ses faits et gestes. Elle a besoin d'un soutien permanent. Tu comprends ce que je veux dire ?

SAMANTHA - Zoé devient fragile.

VICTOR - Elle m'aime, je l'aime, alors on a pris la décision de quitter le bassin parisien pour aller admirer les grandes marées.

SAMANTHA - C'est très émouvant. Tu as mille fois raison de partir. Mais tu vas terriblement nous manquer.

VICTOR - Et à moi donc !

SAMANTHA - Fonce ! Mais ne crois pas être totalement débarrassé de nous. Tu vas les voir débarquer régulièrement, les trois sangsues !

VICTOR - J'y compte bien.

SAMANTHA *(bouleversée, un mouchoir à ses yeux)* **-** Je suis trop émue ! Quelle belle histoire d'amour ! Mon Victor, tu es formidable ! Excusez-moi !

Samantha sort précipitamment.

VICTOR - Elle est très sensible.

CAROLINE - Très !

Samantha réapparaît, saisit la bouteille de prune et son verre.

SAMANTHA - J'ai besoin d'un remontant.

Samantha sort rapidement.

VICTOR - Sensible et déshydratée !

CAROLINE - Oui ! C'est pas forcément dans l'ordre !

VICTOR - Elle a toujours eu une sensibilité à fleur de peau qu'elle cache sous un côté bourru.

CAROLINE *(dans une geste pour montrer qu'elle boit pas mal)* - Bourru et bourré, elle adore les mélanges !

Bernadette réapparaît, l'air maussade.

BERNADETTE - Bonjour !

CAROLINE - Bonjour Bernadette !

VICTOR - Salut !

BERNADETTE - Je viens pour…

CAROLINE *(la coupant)* - Oui, Samantha m'a tenue au courant. Mais vous en faites une tête ! Vous vous présentez à reculons ou quoi ?

BERNADETTE - Je me suis fait plaquer, c'est très dur. Mon groupe est démantelé. Je ressens comme un vide profond. J'ai dû prendre un arrêt maladie.

CAROLINE - Écoutez, c'est peut-être préférable qu'on se revoie plus tard, lorsque vous aurez retrouvé une certaine sérénité d'esprit… et de corps.

BERNADETTE - Non, non, ça va aller. Mais il faut que je récupère vite quelqu'un. Il… Il est là, le beau garçon de l'autre jour ?

VICTOR - Bien sûr. Que puis-je pour vous ?

BERNADETTE - Non. Votre neveu, je crois.

VICTOR *(réjoui)* - Romain ? Vous voulez fricoter avec Romain ? Vous avez déjà escaladé le mont Blanc ? Non ? Même combat ! Bien du courage !

CAROLINE - Romain s'est fait opérer de l'appendicite, il est en convalescence chez lui.

BERNADETTE - Il s'est fait opérer de l'appendicite ? Il a besoin de moi, je le sens ! Où habite-t-il ?

CAROLINE - Vous ne comptez pas aller le perturber chez lui, tout de même !

BERNADETTE - Je vais le choyer, le border, le cajoler.

VICTOR - Il habite au 3, impasse des Ferrailleurs.

CAROLINE - Hein ?

BERNADETTE - J'y cours ! Je ne sais pas où c'est mais je trouverai bien.

Bernadette sort précipitamment.

VICTOR - Une vraie furieuse, celle-là !

Caroline - Romain n'a jamais emménagé impasse des Ferrailleurs !

Victor - Je sais. Impasse des Ferrailleurs c'est l'adresse de la déchèterie !

Caroline - Quoi ?! T'as envoyé paître cette fille dans un dépôt d'ordures !

Victor - Elle nous prenait trop la tête ! Fallait s'en débarrasser !

Samantha revient, avec une veste sur un bras.

Samantha *(tendant la veste à Victor)* - Tiens. Je t'ai recousu tes deux boutons. On a rendez-vous à quelle heure pour ton cocktail ?

Victor - Dans une heure et demie. *(Il enfile une veste de capitaine avec plein de médailles sur la poitrine et joue au séducteur en roulant des épaules.)* La classe, hein ?

Caroline - Oh là là ! Je suis impressionnée. Tu nous avais caché que tu avais bataillé sur tous les océans.

Victor - Tu me prends pour un flibustier ! Tu sais bien que j'ai reçu une éducation très stricte. Le couteau était sur la table, jamais sous la gorge !… Ça, c'est une collection complète achetée aux puces de Montreuil.

Samantha - Mais il y a de nombreuses médailles de l'armée de terre, non ?

Victor - Où est le problème ? Un homme comme moi se distingue partout !

Caroline - Zoé vous accompagne ?

Victor - Elle arrive. Elle cherche une place pour garer son char !

Caroline *(ahurie)* - Elle est venue en char ?

Victor - Faut vivre avec son temps, ma grande !

Caroline *(à Samantha)* - Toi qui manques de loisirs et de relations, tu vas peut-être te faire draguer à cette soirée festive ?

Samantha - Terminé ! On croque plus madame. J'ai cadenassé ! Ça m'intéresse plus. Moi quand je parle des sens c'est que je fais le plein de ma voiture !

Victor - À table, tu vas être placée entre deux célibataires. Un épicier et un boulanger.

Samantha - Alors là, ça mérite réflexion. Si je me défends correctement auprès d'eux, je devais réussir à remplir gratuit mon congélateur pour l'hiver !

Victor - Ça faisait un bail qu'on était pas sortis ensemble.

Samantha - Il y a deux ans pour le mariage de Camille. T'avais assuré l'ambiance !

Victor - J'avais chanté des airs d'opéra ?

Samantha - Y'aurait pas eu d'ambiance, tout le monde aurait été voir ailleurs !

Victor - Qu'est-ce que j'ai fait ?

Samantha - Tu te rappelles pas ? Il faisait une chaleur intenable, t'as voulu écluser deux verres avant de te rendre à la mairie. Sur place, plouf ! le cher capitaine s'effondre avec sa chaise !

Victor - Tu es médisante ! J'avais avalé deux verres de lait. Bon, c'est vrai, j'aime pas le lait alors j'ai rajouté pas mal de rhum. Mais surtout, il y a un con qui m'a refilé la seule chaise pourrie de la salle de mariage !

Ils rient. Amandine et Greg (en costume-cravate) entrent.

AMANDINE - Coucou ! Nous revoilà !

SAMANTHA - Oh ! comme ils sont beaux ! Vous avez pris de sacrées couleurs !

GREG - Normal. À visiter pendant quinze jours les tombeaux dans les pyramides, on prend l'air !

AMANDINE - Un voyage fabuleux ! On a fait les pyramides mais surtout on a descendu tout le Nil.

GREG - À pied ! Il était à sec !

AMANDINE - En bateau. Merveilleux ! On a pris plein de photos surprenantes. On vous les montrera. Ah ! c'est dur de revenir !

VICTOR - Je comprends ! Retrouver ces deux mégères…

CAROLINE - Lâche-nous la bride, veux-tu.

GREG - Tu as sorti ta grande tenue d'apparat.

VICTOR - Samantha, Zoé et moi, nous nous rendons à une soirée de gala.

AMANDINE - Mon grand frère, mes grandes sœurs, je réclame toute votre attention. J'ai une grande nouvelle à vous apprendre.

VICTOR - Vas-y mon pigeon, on t'écoute.

AMANDINE - Greg et moi allons nous marier.

CAROLINE - Mais la grande nouvelle c'est quoi ?

VICTOR - Et tu souhaites notre consentement ?

AMANDINE - Pas du tout.

VICTOR *(à Greg)* - Tu as vraiment pris ta décision ? Tu aurais dû venir m'en parler avant…

GREG - Ce n'est pas une décision précipitée même si ça fait peu de temps que l'on se fréquente. Je n'ai jamais eu des sentiments aussi forts pour une femme.

CAROLINE - Amandine, c'est une blague ? Tu nous fais pas un coup pareil ?

AMANDINE - Tu trouves que ce n'est pas raisonnable ? Tu me rassures ! Attendre un an, deux ans pour mieux se connaître ? On a pas besoin. À nos âges, on cerne très vite les erreurs. Greg et moi, nous sommes faits l'un pour l'autre. On s'est trouvés.

CAROLINE - C'est ton choix. En tout cas, vous vous passerez de ma présence. Je ne veux pas participer à cette mascarade !

VICTOR - Eh bien, tu viens pas ! T'envoies simplement un gros chèque !

CAROLINE - Merci. Je me sens soutenue.

SAMANTHA - Tu es lamentable !

GREG - Vous allez beaucoup me manquer !

AMANDINE - Comme tu voudras. Mais au repas de noce, je raconterai à tous les convives comment tu as assassiné ton mari !

CAROLINE - Hein ? Quoi ?

AMANDINE - Il est mort dans tes bras, non ?

CAROLINE - Il est parti doucement, serein.

AMANDINE - Tu le supportais plus. Il était très affaibli et, à un moment, en le serrant contre toi, tu as manœuvré pour qu'il n'arrive plus à respirer…

CAROLINE - C'est atroce ce que tu dis ! De la pure calomnie ! Je ne suis pas une criminelle !

VICTOR - C'est vrai, le bruit a couru que tu lui avais abrégé ses jours. Moi, j'ai cru que tu avais habilement œuvré avec un mélange de potions bizarres…

CAROLINE - Vous êtes des monstres !

SAMANTHA - On a aperçu des marques sur son corps. Tu t'es servie de la cravache qu'il utilisait pour ses juments ?

CAROLINE - Mais vous êtes tous complètement timbrés !

AMANDINE - Simplement très déçue que tu n'aies pas le sens de la famille.

CAROLINE *(éplorée)* - Sincèrement, vous ne pensez pas un mot de tout ce que vous venez de me dire ?

VICTOR - On a le doute… Tu te montres si souvent cruelle…

AMANDINE - Évidemment si tu viens toute souriante à notre mariage, on la bouclera.

GREG - Je vous promets un tango argentin. C'est ma spécialité.

CAROLINE - J'adore le tango argentin !

VICTOR *(à Greg)* - Un conseil : achète des chaussures bien cuirassées, bien épaisses sur le dessus ! Tu as l'adresse d'un bon pédicure ?

AMANDINE - Alors, peut-on compter sur ton aimable présence ?

CAROLINE - Vous êtes des voyous ! *(Bas.)* C'est d'accord.

VICTOR - Plus fort la bougresse !

CAROLINE *(à Victor)* - Tu me parles autrement, s'il te plaît ! *(Fort.)* C'est d'accord !

VICTOR - Bravo ma petite caille !

SAMANTHA - Un mariage ! Je n'ai jamais été demoiselle d'honneur ! L'amour ! L'amour ! L'amour ! Il n'y a que ça de vrai, de beau, d'important ! Je suis sûre que vous allez former un couple rare !

GREG - Je suis Capricorne. C'est un signe de tendresse débordante et ils sont souvent d'une grande sensualité.

CAROLINE - Moi aussi je suis Capricorne.

VICTOR - Oui mais toi, tu es une prématurée !

AMANDINE - Ma Caro, tu es seule ce soir ? Greg et moi, on dîne japonais, tu veux venir avec nous ?

GREG *(forçant)* - Oh oui ! Je serais ravi !

CAROLINE *(à Greg)* - J'accepte ! Rien que pour me rendre compte si je me suis vraiment trompée sur ton compte.

AMANDINE - C'est tout vu ! *(L'embrassant.)* Merci.

CAROLINE - C'est moi qui vous remercie de m'emmener à « La Tour d'Argent ». Je n'y ai jamais mis les pieds…

Bernadette entre, essoufflée.

BERNADETTE - Oh ! j'en peux plus ! Quelle course ! *(Découvrant Victor et ses médailles.)* Oh ! la panoplie ! C'est tous vos moments de bravoure ?

VICTOR - Oui. Et si je dois continuer à vous fréquenter, j'aurai certainement la médaille du Mérite en plus !

BERNADETTE - Il est gracieux, le papy ! Je reviens de l'impasse des Ferrailleurs, il n'y a aucune habitation. C'est une déchèterie !

VICTOR - Vous êtes gourde ou vous avez un problème d'oreilles ? Je vous ai pas dit « impasse des Ferrailleurs » mais « impasse des Mareyeurs » !

BERNADETTE - Ah bon ! Je suis un peu perturbée depuis quelques jours. Je file ! Bonne soirée à tous ! *(Fixant Victor.)* Alors vous ! Superbe ! Rien à jeter ! Non, non, un quatrième, ça serait de la folie !…

Bernadette sort précipitamment.

SAMANTHA - On peut savoir ce qu'il y a impasse des Mareyeurs ?

VICTOR - La morgue ! Cette petite cherche à rencontrer du monde, elle va être servie !

AMANDINE - T'es incurable !

VICTOR - C'est ce qui fait tout mon charme !

Tous éclatent de rire.

NOIR

Courte musique

Saluts

Imprimé à la demande par Libri Plureos GmbH, Bad Hersfeld, Allemagne

Première édition, dépôt légal : juillet 2010
N° d'édition : 201027
ISBN : 978-2-84422-754-6